U0362457

1919-2019

# 南开 风物

NANKAI
FENGWU

《南开风物》 编辑组 编著

南開大學出版社

南开大学建校100周年
NANKAI UNIVERSITY
100th Anniversary

# 出版说明

巍巍学府，百年南开。

南开之于国家，时刻不忘立校初衷，秉承"知中国、服务中国"之宗旨，任何情形之下，皆勇为前驱。危难时，奋不顾身；素日里，全心服务。

南开之于社会，以大学之精神自立于百年间，一为社会育才，二赖社会扶持，始终自强不息，日新月异，无论顺逆荣辱，均一以贯之。是以精神者，不在其为何，而在其有无。

南开之于个人，聚个人而为团体，力改"愚、散、私"为"公、能、群"，故一入南开便为南开人，一出南开便为南开之形象者，如"嘤其鸣矣，求其友声"，终得其所，幸甚至哉。

有感于"南开"二字之分量，有意于彰明南开之根脉，我们编纂了《南开风物》与《南开先生》主题书。在多方搜集校史资源的基础上，分别以南开大学发展史上（截至1990年）有代表性的风物图片和曾执教、贡献于南开的部分先生之照片、手迹为主要内容，呈现百年南开的动人风貌和珠玉之光。

此书亦可作为笔记本之用，翻阅之外，记以心得，既回望历史，又书写新篇，与往事对话，与先贤神交，不亦快哉！

在编纂过程中，承蒙各方大力支持。校领导一直关心项目进展，校档案馆、博物馆、党委宣传部、新闻中心、校史研究室、各专业学院热情襄助，提供了大量图片材料；外语学院毕业生罗程建提供了自己收藏的证章图片，并附说明文字；校档案馆原副研究馆员李世锐先生提供了多幅南开老建筑图片；多位南开先贤家属慨然提供照片、手迹等珍贵资料；南开大学学生合唱团提供校歌演唱音频资料。在此一并深致谢意。需要特别说明的是，因编者能力及资料来源所限，书中内容难免挂一漏万，若有不当之处，恳请相关人士与我们联系。

编纂此书，也奢望能有如下成效：

给挚爱南开的朋友一个情感的落脚点；

给不熟悉南开的朋友一个认知的通道；

给憧憬和信任大学教育的朋友一个坚持的理由。

谨以此书恭贺南开大学百年华诞，敬祈世人共祝南开大学新百年再创辉煌。

南开大学出版社

2019 年 8 月

本书自 2019 年 9 月出版后，受到了师生、校友和社会人士热忱的关心与鼓励。应广大读者所盼，特对本书予以重印。本次重印，对原书内容做了必要的修订和完善；同时，蒙本校宁宗一教授惠赐多幅照片资料，不胜铭感，特此致敬。

南开大学出版社

2020 年 1 月

# 《南开风物》编辑组

策　　划：刘运峰　田　睿

编　　者：田　睿　李　骏　罗程建　叶淑芬
　　　　　王　霆　赵　珊　秦宝林
责任编辑：王　霆

封面设计：胡白珂
版式设计：刘俊玲
图片处理：天津市天朗广告有限公司
责任印制：马　琳

**南开系列学校发祥地——严氏家馆**

严氏家馆，是严家开办的属于私塾范畴的家庭学校，位于天津西北城角的严宅偏院。1898年，严修改造家馆，进行新式教育的实践。1904年10月16日，严馆、王馆合并，成立"私立中学堂"，这是天津第一所私立中学，亦成为南开系列学校的开端。

严氏家馆偏宅，俗称"大罩棚"

**1918 年严修、张伯苓等人在美国考察教育时合影。前排居中为严修，右一为张伯苓**

南开大学初创时的校舍

1919 年 4 月，学校投资三万元在中学部南面空地建一座二层楼，作为大学校舍。学校本着"大处着眼、小处着手"的原则确定了设科规模。大学部设文、理、商三科，学制四年。

中華民國八九二五十月二十五日攝影 開學紀念

1919 年 9 月 25 日，南开大学第一届新生开学典礼在中学部礼堂隆重举行，共招收 96 名学生。第二排右起第七人为张伯苓，第九人为严修，后排左起第一人为周恩来

1919 年秋，南开大学向第一届新生颁发了全新的南开大学校徽。该章在银胎之上附以珐琅，借鉴了我国传统国粹"景泰蓝"的制作工艺。

1919年，南开大学举办第一届运动会，并颁发奖章。该章为铜质手工制作，正面铸文『南开学校民国八年秋季运动第二名奖』，背面手刻『乙组一英里』。该章造型古朴，正面铸文借鉴汉代封泥印鉴特征，整体风格雅致厚重。

**南开大学八里台老东门**

1922 年 3 月，学校以年租两百
元租得天津城南八里台村北、
村南两段公地四百余亩（约 27
万平方米）作为新校址，5 月
开始兴建教学楼、男女生宿舍、
教员住宅等九座建筑。1923 年
9 月，南开大学正式迁入八里
台新校址。

南开大学师生在老校牌前合影

**20 世纪 20 年代，张伯苓与南开大学教职人员合影**

南开学校建校十七周年纪念会章。该章为铜质镀金珐琅，链式结构，具有民国早期证章特征。上下刻有楷体铭文"十七周年纪念会章"，中为"南开"旗帜图案。

南开大学"民国十三年春季运动会优胜纪念"奖章。该章为银质
珐琅，中间菱形带有明显苏式毕业证章风格，外围轮廓为"南开八
角"之变形。

南开大学北部全景

20世纪30年代初，南开大学已经成为天津城南一处优雅宁静的"世外桃源"。当时，诗人柳亚子在南开大学赋诗曰："汽车飞驶抵南开，水影林光互抱环。此是桃源仙境界，已同浊世隔尘埃。"

南开大学南部全景

进东校门后笔直向西的大中路

南开大学教职员宿舍——柏树村，于 1923 年学校迁入八里台校址后同期建造

秀山堂与秀山铜像

秀山堂是私立南开大学时期的第一座教学大楼，是江苏督军李秀山先生以其遗产捐赠所建。1922 年兴建，1923 年落成。当时为文、商科教学兼行政办公使用。该楼为砖混结构，三层建筑，建筑面积 3,900 平方米。楼内设教室、教师休息室、图书阅览厅和办公室，附设的大礼堂可容纳四五百人。

1925 年秋，由美国罗氏基金团（现称洛克菲勒基金会）及实业家
袁述之共同捐资兴建的南开大学科学馆正式竣工，建筑面积 3,952
平方米。10 月 17 日，学校举行开馆仪式，为纪念捐资者，将科
学馆命名为"思源堂"。思源堂建成后，理科四系（算学系、化
学系、物理系、生物系）的教室和实验室都设在馆内。

思源堂全貌

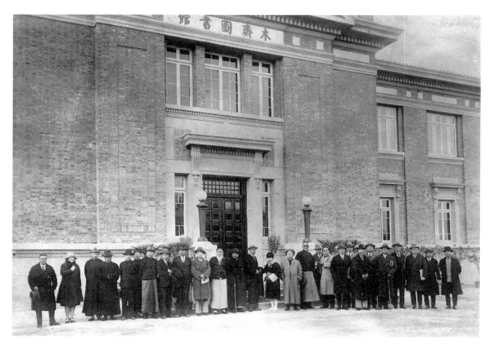

1928 年 10 月 17 日，卢木斋、张伯苓等在木斋图书馆落成典礼上

1927 年，著名教育家、藏书家、刻书家卢木斋捐资十万元，兴建南开大学图书馆。木斋图书馆为地上两层建筑，建筑面积约 3,600 平方米，馆内有可容纳二十余万册图书的书库及四百个座位的阅览室，楼下有研究室、期刊室等。

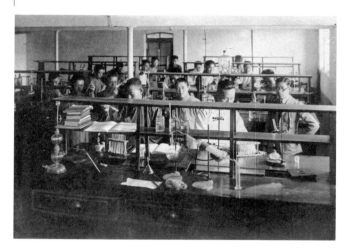

思源堂的化学实验课，右一为杨石先

思源堂的生物实验课

秀山堂的银行业务实习课

秀山堂的英文打字课

20 世纪 20 年代威震远东的"南开五虎"篮球队。后排左一为章辑五，右一为董守义

南开大学篮球锦标赛之优胜证章

为表彰董守义带领"南开五虎"篮球队南征北战取得辉煌战果，南开师生特于1929年赠送他一枚银盾，以资纪念。这枚银盾高17.6厘米、宽13厘米，形状如桃，左右上部对称镂空，上方刻有一朵盛开的鲜花，鲜花下刻有"董守义先生惠存 南开学校师生敬赠"字样，正中是"为国争光"四个隶书大字，下方竖排"十八年四月率领本校篮球队南征战胜沪江西青匹刺堡及菲大纪念"字样。

**20 世纪二三十年代的南开大学男子足球队**

**20 世纪 30 年代的南开大学女生排球比赛**

**20 世纪二三十年代的南开大学女子篮球队**

"南开女子篮球"奖章。该章为铜质珐琅，正面中心为白底金色的"奖"字，采用中国传统的"团篆"字体，铁画银钩；周围以楷体铸文"南开女子篮球 民国十七年冬"，最外围饰以红、蓝、白三色光芒，寓意强身健体、报效祖国。背面刻有获得者的名字"刘淑琴"。

**1925 年南开大学首次向社会公演《少奶奶的扇子》**

1935 年张彭春（左）指导曹禺（右）表演话剧《财狂》

早在 1908 年，当西方话剧刚刚传入中国的时候，南开学校就开始编演话剧，一直延续了四十余年，演出中外著名剧目和自创剧目 264 个，声震华北，名扬国内。南开大学部的话剧活动，始于1922 年 10 月 16 日举行的欢迎新师长、新同学大会上，由三年级同学表演独幕剧《晨光》。

学生在男生宿舍前的操场上体育课

学生在男生一、二宿舍北面水坑游泳

东北研究会在黑龙江考察时合影

南开大学东北研究会的前身为"满蒙研究会"，其宗旨是"专事收集满蒙问题之材料，而用科学的方法，以解决中国之问题"。1927年8月，张伯苓赴东北考察，所到之处亲眼目睹"日人经营满蒙之精进与野心"，受到很大震动。他感慨："不到东北，不知中国之大；不到东北，不知中国之险。"

永利制碱工厂工作中之盛况

南开大学应用化学研究所成立于 1932 年 3 月，是张伯苓主张的让科学技术直接为经济服务，推进科技成果转化为现实生产力的一种有益探索。1932 年，南开大学应用化学研究所与天津永利碱厂、利中制酸厂密切合作，打破了日本在华北地区对酸碱工业的垄断。

1937年6月，南开大学经济研究所第一届研究生毕业合影。前排左五为张伯苓，左六为何廉，右一为陈序经，右四为方显廷

南开大学经济研究所第一班研究生毕业考试留影

1927 年 9 月，社会经济研究委员会成立（后更名为南开大学经济研究所），何廉作为创办人，兼任委员会主任。南开大学经济研究所是当时国内高校中最早建立的经济研究机构，主要任务是"探讨和评价中国的社会、经济和工业存在的实际问题"，研究方法是"一切研究均从实地调查入手"。"中国化、土货化"成为南开经济学派的标志和灵魂。

**1929 年，理科学会部分会员合影。**后立左一为陈省身，前坐左二为吴大猷

**1932 年，南开大学出版社全体职员合影**

20世纪30年代，南开大学开设了面向社会各界有志于求知识、学文化的大众的"暑期学校"，旨在提高大众的知识文化水平，为社会的进步做出贡献。这枚"天津南开大学暑期学校学员"证章，是当年南开大学开设暑期学校的实物见证，南开人的"公能"精神深深熔铸在这枚小小的证章之中。

20 世纪 30 年代，人们在南开校钟前留影

南开大学校钟于光绪四年（1878 年）由德国克虏伯兵工厂铸造，
重达一万三千余斤。钟面铸有《金刚经》全文。校钟安置在思源
堂西侧，以四根弓形梁柱做支架，悬于高约两米的台基之上。
1937 年被日本侵略军掠走，下落不明。1997 年，在南开园被日军
炸毁六十周年之际，南开大学重铸校钟。

**1934 年，第十八届华北运动会上，南开代表队入场**

1934 年 10 月，第十八届华北运动会在天津举行，张伯苓担任总裁判。开幕式上，数百名南开学生组成的啦啦队，站在主席台对面。他们在队长严仁颖的指挥下，一边高唱"时时不忘山河碎"，一边挥动紫、白两色（南开校色）小旗，连续组成"毋忘国耻""收复失地"等旗语。全场三万余名观众，报以"狂风骤雨般的掌声"。

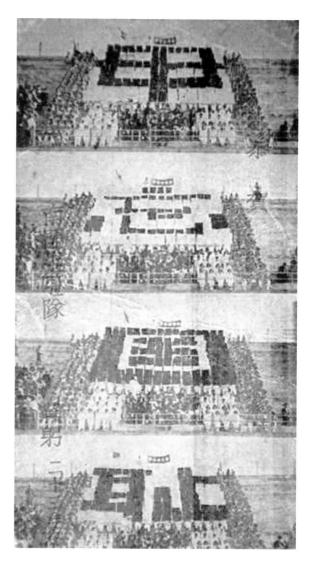

南开学生打出"毋忘国耻"旗语

第十八届华北运动会后，爱国将领、青岛市市长沈鸿烈专门为南开啦啦队赠送了奖章。该奖章设计十分别致，上挂以"南开色"为主色调，并附以"南开"字样的黄铜勋条；章体为铜质，上书"河北省私立南开中学校啦啦队"，下铸"第十八届华北运动会 沈鸿烈赠"，中间长方形为长城砖石，双手撑起一面"华"字大旗，寓意中华儿女团结起来，共卫中华。

「1937年7月29日至30日，日寇连续两天用飞机、大炮对南开大学进行狂轰滥炸。『轰炸之不足，继之以焚烧。』

**1937年被炸后的南开大学秀山堂残迹**

**1937年被炸后的南开大学木斋图书馆（中间圆顶已被炸毁）**

1937 年被炸后的南开大学思源堂，近景为秀山堂残迹

1937 年被炸后的南开大学男生宿舍

**1937 年南开大学遭日军轰炸后，南京校友会讨论重建南开**

**1937 年 10 月，南开大学部分教师在长沙临时大学校舍前合影。左三为杨石先，左五为黄钰生，左六为方显廷，左七为陈序经，左八为蒋硕民**

1937 年七七事变后，北平、天津相继沦陷，北京大学与清华大学、南开大学南迁长沙，共同组成长沙临时大学。11 月 1 日，国立长沙临时大学正式开课，这一天也成为西南联大的校庆日。

湘黔滇旅行团在益阳

1938 年 2 月，长沙临时大学三百余名师生组成湘黔滇旅行团，由长沙步行赴滇。3 月 22 日下午，船抵益阳城外的清水潭，因上游水浅不能复驶，遂于 23 日舍舟登陆。三千余里（约 1,500 公里）之长途旅行自此开始。

黄钰生（右一）与湘黔滇旅行团中全体南开大学团员于贵州盘县合影

1938 年 4 月 25 日，湘黔滇旅行团到达昆明

南开大学秘书长黄钰生担任湘黔滇旅行团指导委员会主席，旅行团的经费管理、行军路线、宿营、伙食安排，事无巨细，他都亲自筹划和指挥。他把全团经费数万元巨款用布带缠在腰间，与学生们一道，一步一步地走到昆明。他自嘲说："我是腰缠万贯下西南啊！" 在他的带领下，旅行团胜利完成任务抵达昆明。为此，他在手杖上刻下"行年四十，步行三千"的字样，引为自豪。

**1938年**，西南联大校领导与湘黔滇旅行团辅导团成员合影。前排左起依次为黄钰生、李继侗、蒋梦麟、黄师岳、梅贻琦、杨振生、潘光旦，中排右三为闻一多，后排左四为杨石先，右四为曾昭抡

**云南昆明西南联大校门**

1938年4月2日，国民政府国防最高会议决定长沙临时大学改称「国立西南联合大学」。5月4日，学校开始上课。校训为「刚毅坚卓」，校徽为三色三角形，校歌是由罗庸作词、张清常谱曲的《满江红》。

**西南联大校舍全貌**

西南联大茅草屋顶教室。教室原为铁皮顶，抗日战争后期的 1944 年，学校经费困难，不得不将铁皮顶变卖换成茅草顶

西南联大学生在上课

西南联大校徽。该章为三角形的三等分，代表清华、北大、南开三校的大联合。

西南联大附校证章。该章为白铜珐琅，背面刻有编号。顶端三个连续的圆代表三校联合，下为"联大附校"铭文。

西南联大教员证章。该章为
银质珐琅，链式三角结构，
顶端上挂为隶书"教"字，
下方主章中刻"西南"二字，
上方为五角星五枚。背面刻
有编号。

西南联大教员证章。该章为
银质蓝色珐琅，三角形外廓，
烫金铭文，上为"国立西南
联合大学"，中为"联大"
篆书铭文，下书楷体"教员"
二字。

**1939 年秋，张伯苓赴昆明西南联大时与在校南开大学师生职员合影**

20世纪40年代，张伯苓在西南联大食堂与师生交谈

1943 年西南联大时期，南开大学边疆人文研究室所编刊物《边疆人文》第一卷第一期

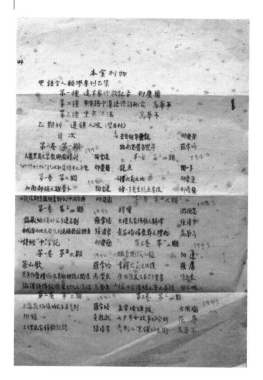

《边疆人文》期刊总目

边疆人文研究室"1942年之工作队"合影。左二为黎宗瓛，左三为陶云逵，右一为黎国彬，右三为高华年

**1944 年 12 月 28 日，西南联大欢送参军师生**

1942 年 2 月，查良铮以西南联大助教身份参加中国远征军。该章为查良铮在中国远征军印度兰姆伽整训中所获的纪念章。该章为铜质珐琅，盾形，主色调为蓝、白、红三色，是当时中美两国的国旗色。中为书卷形图案，左右铭汉字"以智取胜"，下方绶带上文字为"以智取胜"的英译 —— VICTORY THROUGH KNOWLEDGE。

1944 年 5 月，从南开大学肄业并投笔从戎的黄仁宇所获的"陆海空军一等奖章"。该章为铜质珐琅。上挂为蓝、白、红三色，寓意为国立功；轮廓结合梅花与五角星，中心饰以梅花，寓意坚贞不屈，矢志不渝，梅花周围为传统卷云纹。

**1946 年 10 月 17 日，国立南开大学复校开学纪念合影。前排左四为时任校秘书长的黄钰生**

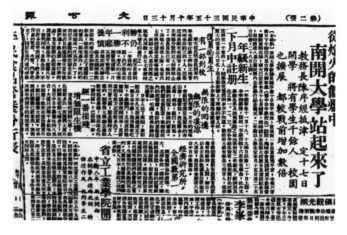

1946年《大公报》之"南开大学站起来了"报道

　　"南开大学复校第一班"证章。该章为银质珐琅，直径 2.8 厘米、重 14 克。证章中集合了众多元素：周围左半圈为"嘉禾"图案，寄托了经历艰苦卓绝的抗日战争之后的南开人对国泰民安的美好希冀；周围右半圈为绶带缀五角星的图案，象征胜利；中为南开八角与半球图的结合，象征南开人立足南开、放眼世界的宏图大志；红色金边大写字母"NK"为"南开"之缩写；"NK"上方为"复校第一班"铭文。背面有"天津凤祥纹银典"字样。

抗战胜利之后南开复校的第一版校徽证章。该章为银质珐琅。
1937 年抗日战争全面爆发时，南开仅有学生 496 名，加上教师职
工也未过千人，因此此前的校徽证章的编号均局限于 1,000 之内（存
在补发情况）。而这枚证章的编号则排到了"2222"，见证了南
开大学在抗战胜利之后的扩招。

**1949 年 1 月 15 日，南开大学师生热烈庆祝天津解放**

**1949 年 3 月，南开大学参加解放军南下工作团全体同学合影**

20 世纪 50 年代初，南开大学学生走出校门

**1950 年 6 月，南开大学财经学院经济系欢送本系毕业班同学全系师生合影**

1951 年南开大学春季运动会证章。该章为银质烤漆，颜色以红黄白为主，增加了红星、麦穗等元素，中为两名竞速的人物形象，数字字体为苏式字体。

1955年南开大学春季运动会优胜证章。该章为银质烤漆，色彩上运用了红、绿、蓝、黄等多色，元素为麦穗、齿轮、五角星、竞速人物形象等，在元素组合上更具有中国特色。背面有"第二名"之铭文。

1952 年南开大学毕业纪念证章。该章为银质珐琅。正面图案为"南开大学"粗体镂空校名，上附 "为人民服务"题词。背面铭文为"一九五二年毕业同学纪念 校务委员会赠"以及编号"273"。

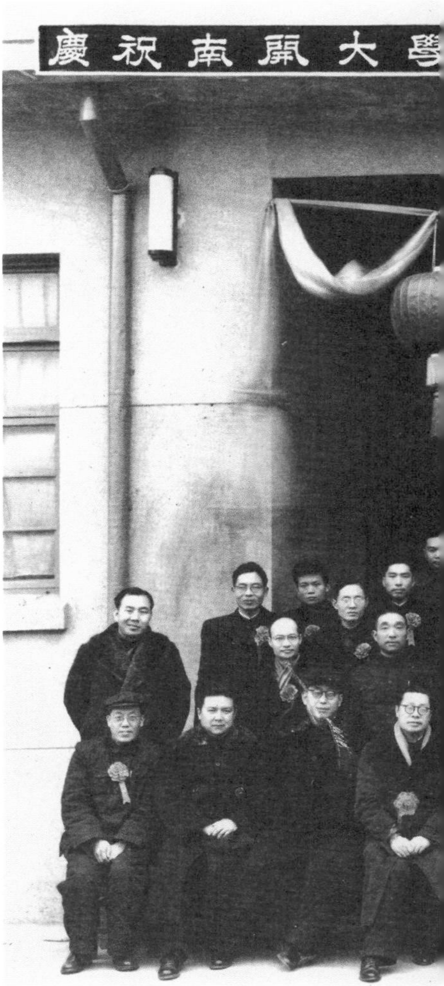
慶祝南開大學

成立暨開學典禮合影 一九五二年十一月廿九日

1952 年 11 月 29 日，全国高校院系调整后的南开大学开学典礼合影

1955 年 5 月 29 日，南开大学第一次科学讨论会召开

**1956 年，南开大学师生响应党的号召，展示标语"向科学进军，学好功课"**

20 世纪 50 年代，南开大学"劳卫体育锻炼优秀奖章"。该章为银质烤漆，是国家"爱国卫生运动"中颁发的证章，主题元素为红星、红旗、麦穗、绶带。

1958 年，南开大学学生所获之"青年社会主义建设积极分子纪念章"，颁发单位为共青团南开区委员会。该章为铜质镀金材质，上挂借鉴苏联各类技术类、奖金类奖章，简朴大气。证章元素为五角星、卫星、齿轮、麦穗。

**1959 年 8 月 21 日，南开大学主楼开工兴建，竣工后为当时天津市最高建筑**

**1959 年 8 月，中国共产党南开大学第一次代表大会召开**

20 世纪 60 年代，南开大学教职工在做课间操

20 世纪 60 年代，南开大学文艺演出展示标语"祝大家 学习好 工作好 身体好"

**同学们在第一教学楼前讨论问题**

第一教学楼是抗日战争时期侵华日军占领南开园时于 1941 年设计建造的。1945 年抗战胜利后，由国民党军队接收，故得名"胜利楼"，该名一直沿用至中华人民共和国成立初期，20 世纪 50 年代初更名为"第一教学楼"。

20 世纪 60 年代，南开大学颁发了新一代"优等生"证章。证章铭文为"身体好 学习好 工作好"。该章为铜制镀金珐琅，以红黄两色为主。整体轮廓设计为五角星形。正面为天安门和写有"南开大学优等生"的绶带，中央图案元素借鉴了团徽的轮廓，为麦穗和齿轮，象征工农联盟。背面刻有编号"207"。

20 世纪 60 年代，南开大学冬季锻炼运动纪念证章。该
章为铝质烤漆，整体造型为菱形。正面为跑步人像、红
色地球及火箭图案。背面铸有"南开冬锻纪念"字样。

1970 年，杨石先（右一）带领南开大学元素有机化学研究所的科研人员在蓟县农田中观察"784-1"农药对玉米生长的影响

**1980 年，费孝通在南开大学创办社会学专业班**

1985 年，南开数学研究所成立，陈省身担任首任所长

20 世纪 80 年代，南开大学颁发的毕业纪念章。该章为铝质烤漆，异形轮廓，主要色彩为南开紫，主要元素为红色"南开"手写题词、南开大学标志性的主楼楼顶及五角星图案，下为展开的书本，上书"为人民服务"的题词。背面铸有"毕业留念"字样。

**1989 年，南开大学建校七十周年校庆，周恩来雕像落成**